Liebe wandelt – vor bindender Freundschaft

Annette Kasper · Joachim Fest

Horst Janssen

Hommage à Tannewetzel

Neujahrsrede in St. Marien zu Lübeck

Zur Vorstellung des Buches

Joachim Fest: »Der tanzende Tod«

schrieb Janssen diese Rede, die er am 1.1.1986 in der Marienkirche 3000 Zuhörern »predigte«. Möglich machte dies der Grossmut und das Verständnis des Propst Hasselmann und die Zielstrebigkeit des Freund-Verlegers Frank-Thomas Gaulin.

Der Verlag Kunsthaus Lübeck vereint sich in der Herausgabe dieses Heftes mit dem Verlag St. Gertrude, Hamburg

Eure Lieblichkeit Praepositus Hasselmann, ihr lieben Pastores und Vikare, ich danke Ihnen ehrlich für die Gastfreundschaft, die Sie mir hier in St. Marien gewähren. Sodann danke ich für die Ehre, die mir aus der Zahl der potentiellen Zuhörer angetan ist; seien es nun Christen oder nicht oder solche, die es noch werden wollen. Weiter begrüsse ich meinen alten Freund Joachim Fest, der hier die Ursächlichkeit ist und Freund Frank-Thomas Gaulin, der aus der Ursache Sache machte; und dann Verena Janssen, stellvertretend für einige Menschen, die mich einen grossen Zeichner haben werden lassen und dann grüsse ich zuletzt Annette Kasper, die mich in die glückliche Stimmung gebracht hat, Ihnen allen hier hoffentlich eine pusselige Predigt zu halten.

Pastores et Oves

Ich möchte mich gleich gerne vom Ego her — *ego*manisch — *ego*zentrisch — ins Thema hineinwursteln. Man sagt: Ich zitiere zu oft den Tod. Ich zitiere also, zu gerne fast, die, wie man es nennt, Symbolfigur des Todes in meinen Kritzeleien. Zu gerne lasse ich den Knochenkerl durch meine Scenerien hüpfen — zu gerne füge ich seinen Schädel an meine Visage. Gefällig und kokettierend leih' ich mir diesen Kerl mal von Manuel Deutsch, mal von Rethel, leih' mir den Dürerschen — dann den affektierten von Böcklin und den niedlichen des Ludwig Richter. Aber auch dann den schrecklich schönen, noch halbwegs vom Leben her pestenden, so sinnlich gebildeten Knochenkerl des Barocks, und schliesslich hol' ich mir gar noch ein Vorbild aus der gedörrten Gesellschaft in den Katakomben dei Cappuccini. Und obwohl die zuletzt genannten Beispiele im Original alles andere sind als der

Koketterie dienlich, werden sie mir unter der Pfote dennoch zu volkstümlichen Zitaten — *und* eben — zur koketten Anspielung.

Nun ja — gerade der Koketterie aber ist es eigen, sich per Penetranz und impertinenter Wiederholung allmählich in eine ernstzunehmende Substanz zu verwandeln. Unversehens, möchte man sagen, wird ein kokettes Ding, so ein niedliches Wesen aus Fleisch zum Beispiel, zur Liebedienerin — unversehens wird aus der, wörtlich genommen, *reizenden* Anpreisung des eigenen Fleisches ein erregtes Begehren nach festem Zugriff — nach Gegriffenwerden. Und unversehens wird aus der Liebedienerin die tolle Hure.

In genau diesem Verstande will ich nur zu gern den Vorwurf der Koketterie mit dem Tode auf mich nehmen. Und vielleicht bin ich derzeit schon ein Ergriffener meiner eigenen Zitate.

Bin ich aber erst ein solch' Ergriffener oder werde ich es eines baldigen Tages sein — wieso — so höre ich die Frage — wieso dann diese so freundliche Neigung zum Zitieren des Todes, wieso in solchem Gegriffensein ein so freundschaftliches Verhältnis zum Greifer?

Nun — wir haben ALLE ein eingeborenes Verlangen nach Sicherheit. Unsere eher anrührenden bis albernen Sicherheitsvorkehrungen vom Sicherheitsgurt über die Lebens- und dann Hausratversicherung — von der versicherten Versicherung über die Alfa- bis Omega-Krankenversicherung hin bis zur Friedensversicherung, ehemals Rüstung genannt: Das sind die vergleichsweise pathologischen bis psychopathischen Auswüchse der Angst, aus denen der Mörtel für die babylonischen Gerling + Konsorten-Türme gemischt wird und aus denen gigantische Vernichtungssysteme konstruiert werden. Und aus den politischen Redereien können wir derzeit ein Drittel der Wörter streichen: »mit Sicherheit nicht« – oder: »mit Sicherheit ja« – oder: »da bin ich sicher« – oder: »seien Sie sicher«. Das ist Teil einer jeden Antwort auf irgendeine Frage und der Rest ist sowieso nix. Vergessen wir das!

Also – wir ALLE haben ein eingeborenes Verlangen nach Sicherheit – wir haben zwar auch ein natürliches Verlangen zum Risiko und auch zur Aggression und Zerstörung – ABER das dominierende Bedürfnis ist eine animalische Sehnsucht nach Sicherheit. Anders als das Eichhörnchen glauben wir – etwa ab dem 25. Lebensjahr – zu wissen, dass wir sterblich sind (manche kapieren's nie). Und genau in dieser ach so gewissen Wahrscheinlichkeit haben wir uns die Ewigkeit erfunden! Freundschaft + Liebe + Ehe sollen *ewig* sein. Das auf Pergament geschriebene Wort soll *ewig* sein. Die Pyramiden und die Sixtinische Capella, sie sollen *ewig* sein. *Ewig* – das ist das Credo der Menschen. Und während wir nun leben, erleben wir die Vergänglichkeit allen Seins und erleiden und erkennen, dass nichts sicher + ewig ist – bis auf EINS: der Tod. In diesem gemächlichen Gang des Sterbens, den wir das Leben nennen – auf diesem Gang durch die Vergänglichkeit ist nur eins sicher: das ENDE DES STERBENS – der Tod des Ego, der Menschheit, der Erde und der Welt. Ob nun der Tod die Tür in ein anderes, neues, frisches Sterben ist, diese Frage ist hier und heute nicht meine Frage.

Nun zu mir und meiner mir unterstellten Koketterie. Ich habe — glauben Sie's mir — ein gesteigertes, ein geradezu *exzessives* Bedürfnis nach Sicherheit. Andererseits habe ich ein Auge, das ganz besonders auf die Bilder der Vergänglichkeit zielt, auf die Zeichen, die uns auf diesem langen Weg des Sterbens Schritt für Schritt begleiten. WARUM — so frage ich dann — warum sollte gerade ICH, der sich so sehr nach Sicherheit sehnt und dabei von dem Gedanken der Vergänglichkeit so gänzlich und nicht unselig erfüllt ist — warum wohl sollte gerade ich nicht ein freundschaftliches Verhältnis zum Tod haben — der einzigen *todsicheren* Sache der Welt.

Wohlverstanden: ich hasse das Sterben in Krankheit und Grausamkeit! Aber der Tod = ER ist eine feste Burg! = er ist die Stillung meiner Sehnsucht nach Sicherheit. Alle Depressionen verflüchtigen sich, wenn ich an IHN denke. In seiner Gewissheit fühle ich mich auf dem Weg »nach Hause« — wobei ich natürlich den Weg geniesse, SEHR, und es wird auch noch ein langer sein und mein Genuss wird grösser sein, als Ihr es Euch vorstellen könnt. Kla? Soweit das Grundsätzliche meiner Freundschaft zu Gevatter Hain oder dem Tannewetzel, wie Thomas ihn nennt.

Um sich eine Sache, um sich Irgendwas so recht sinnlich begreifbar zu machen, empfiehlt es sich, es entweder stark zu vergrössern oder arg zu verkleinern. Sie kennen alle die Anschauungstafeln in den Astronomiebüchern, auf denen verkürzt unser Sonnensystem dargestellt ist. Und immer sind die Sonne *und* die Erde auf ein + derselben Karte abgebildet. Solche Verkürzung oder Versimpelung macht per Gewöhnung die Ursache von allerlei Missverständnissen. Denn wenn wir beispielsweise, wie in solchen Fällen üblich, unser Lebensgestirn in Pflaumengrösse zeichnen – dann WÄRE, wenn alles seinen Massstab hätte, unsere Erde ein Fliegenschiss und müsste 17 Seiten weiter abgebildet sein. Und wäre gar das ganze Sonnensystem auf einer Karte unserer Milchstrassen-Galaxie in den WIRKLICHEN Abstand zur nächstnachbarlichen Sonne gesetzt, so müsste diese Nachbarin in New York oder Novosibirsk aufgezeichnet sein. Und zwischen diesen 2 Nachbarn ist das fast reine Nichts. Und dies ungeheure reine Nichts, das milliardenfach mehr ist als die Fliegenschisse im Nichts. Und dieses »Nichts«, das vermutlich *nicht* ein Nichts ist, das geahntermassen ein GEWALTIGES STILLES ist, wäre selbst nur ein Fliegenschiss in allen Milliarden LAUTLOSIGKEITEN.

Was ist nun aber die Folge solcher Unkorrektheit? Nun – wir hören es fast täglich. Zum Beispiel: »Unsere Astronauten sind aus dem ALL zurück!«. Und dieses All, von dem da die Leutchen reden, ist in der Senkrechten gerade so weit von unserer Erde entfernt wie Lüneburg von Kassel in der Waagerechten. Nun wäre solche Selbsttäuschung per Superlativ nicht weiter erwähnenswert, würde nicht die Unermesslichkeit dessen, was wir Gott nennen, in derlei Selbstbetrug eingeschlossen. Will sagen: Wie gross ist Gott, der milliardenfaches Nichts, von denen jedes mit Milliarden Lücken durchsetzt ist, die wir Sterne nennen, — wie gross also ist Gott, der dies milliardenfache Nichts mit nur einem einzigen Gedanken seines vielleicht Milliarden hoch Gott Gedankenreichtums ausgefüllt hat — — will sagen: wie gross ist solcher Gott für solche, deren Astronauten aus dem *All* zurückkehren, wenn solchen Kassel das All zu Lüneburg ist.

Kurzum: Wir »ernennen« Gott zum Phänomen — nicht wirklich denkbar! Und schon gar nicht greifbar — unbegreiflich! Und in dieser Not liegt vielleicht die Zwangsläufigkeit, die NOTwendigkeit der Geburt eines wohl begreifbaren Fleisches begründet. Jesus ist anzufassen. Man kann ihn sogar »zeichnen«.

Und wie ist es nun mit dem Tod? Allen voran sind es die »Wissenden«, die Klugscheisser, die sich als Intellektuelle verstehen, deren Klugscheisserei wiederum von intellektuellen Einsichten so verschieden ist, wie die langweilige Strecke lang ist zwischen dem Anfang und dem Ende ihrer Borniertheit, falls es denn da überhaupt ein Ende gibt — also Allen voran sind es diese »Wissenden«, die mir den Tod zu einer leeren Floskel machen wollen. Glücklich darüber, dass ER als Phänomen tituliert werden kann, führen sie bei passender und unpassender Gelegenheit die blöde Formel im Maul: Wir müssen alle sterben. Dagegen ist nun nix einzuwenden, wenn solche nicht im gleichen Atemzug »meinen« Knöchernen, meinen sinnlich zu begreifenden Freund blöd bis nachsichtig belächeln. Sie gleichen den Leutchen, die am Fluss entlangspazieren und auf eine geographische Karte verweisen und sagen: »Dies hier ist die Elbe«. Und sie wissen die Quelle, die Fliessgeschwindigkeit und Wassermenge pro Sekunde an dem und dem Punkt und sie kennen, wahrlich, sie kennen den Fluss NICHT.

Und hier fügt sich gleich ein Ärgernis ans andere: DIE, die ihrer Begabung, Neigung und Bildung gemäss den Faden der menschlichen Geschichte weniger als Leitfaden, vielmehr als Lebensfaden begreifen könnten – sie haben sich dieser Soldateska des Ungeistes – den alles wissenden, alles kommentierenden Versachlichern bereits verkauft. Sie dünkeln sich als Auf- und Abgeklärte. In selbsternannter Grossherrlichkeit haben sie sich das sogenannte Geistige ins Panier geschrieben – sie wähnen sich im intellektuellen Nachvollzug als Abendländer, in dem sie doch höchstens museal denken – sie verstehen und brüsten sich als konservativ, ohne in der Brust die geringste Ahnung vom *tradere* zu haben. Sie sind das Ärgernis, das sich dem anderen anfügt: Sie völlern kostenlos am Tisch der Geschichte. Sie hecken keinerlei Schönheit, kein Gedicht, keine Komposition für Cello und Flöte, kein Drama noch Dramulett, keine

Daphne aus Alabaster und noch weniger einen Prometheus aus Stein und schon gar nicht Kathedralen und eben auch keine Bilder. Und da dem so ist, ist ihnen ein Bild nicht nötig — der Tod ist abgehaktes Phänomen. Sie benötigen nicht den sinnlich begreifbaren Knochenkerl.

Und ganz und gar sind sie dabei nicht einer Liebe fähig, die sich über repräsentative Ernährung und Geschlechtsverkehr erhebt. Man frage die Frauen solcher, BEVOR sie zu Repräsentationspuppen verkümmert sind.

Nun — aber grad in den Liebe-Vorstellungen unserer Vorväter, in genau den Bildern, die die Liebe zum Thema haben — und das ist bereits bei Manuel Deutsch und Lucas Cranach der Fall und nicht erst in der an solcher Stelle gern und voreilig zitierten deutschen Romantik — gerade in solchen Bildern genau wurde unbedingt mein Knochenfreund eingebracht. Ist doch seine ureigenste Domäne das Feld, auf dem Lust und Schönheit in fortwährender Vereinigung und Abschied sich tummeln und trennen. Und wenn Ihr glaubt, ich zitierte hier die Schönheit, die die *Allgemeinde* als Schönheit versteht, so seid Ihr auf dem Holzweg.

Lassen Sie mich bitte Einiges ein klein wenig »heidnisch« erklären.

Vor den Tod haben die Götter die Fortpflanzung gesetzt. Ich sage VOR den Tod, nicht

GEGEN ihn. Und sie haben wahrlich Aufwand getrieben: der Lustpunkte sind die Menge und der Sublimierung scheinen schier keine Grenzen gesetzt und in allen Höhepunkten ist ein ganz klein bisschen Todessucht – so sagt man! Und meint wohl die Sehnsucht nach Sättigung: man möchte es tiefer, länger, verschmolzener, ewiglicher! »Die Chose, die unerträgliche Seeligkeit der Empfindungen, die in Ewigkeit nicht enden soll, muss doch zu Ende zu bringen sein!!«

Zeichne ich die Sache noch ein bisschen weiter: Die Lust des begabten Liebhabers zielt immer auf die *ganze* Leiblichkeit – man könnte sagen: da ist kein Fleisch – da ist kein Muskel, der nicht zugleich Geschlechtsteil wäre. Während die flüchtige Geilheit auf die programmierten Punkte zielt, wühlt sich die Lust des begabten Liebenden quasi in die ganze Anatomie und aus der Lust wird Begeisterung in Leibhaftigkeit. Das ist dann auch zugleich das Fleisch in der Kunst und ist ein bisschen zum unbedingten Gegenteil des Knochen und des Todes erhöht – der damit schon wieder im Spiel wäre.

Nun – solches ist aber noch durchaus zu handhaben – zu handhabendes Fleisch – Materie also, die uns in der Regie von Lust + Liebe oder Liebeslust als ein Erhöhtes erscheint. Aber da gibt es im Leben ein paar Minuten – Minuten zusammengerechnet aus über Jahre auseinanderliegenden Sekunden, die so unvorhersehbar wie erschreckend sind: Die plötzliche Sekunde irgendeines Tages stellt das eigene Gesicht gegen das der Geliebten – Nasenflanken legen sich aneinander – – DAS ist noch Materie! Lippen tupfen gegeneinander und der Amorbogen schmust sich in die niedlichen Wülste eines Mundwinkels – soweit ist es noch Materie!

Wimpernkämme schieben sich ineinander – alles noch Materie! Und während Gesicht sich im Gegengesicht auflösen will, ist da ein winziger Zwischenraum, ein Spalt, durch den das Licht von Aussen auf das Auge der Geliebten trifft und die Iris erleuchtet. Ja – immer noch Materie! Aber dann verdrängt jäh eine winzige Bewegung, deren Ursache ausserhalb unserer selbst zu liegen scheint, dies Licht von der Iris weg und hin auf das letzte Weiss im Augenwinkel und die Pupille der Geliebten versinkt in haltlose dunkle Tiefen. UND DIESE DUNKELHEIT IST NICHT MEHR MATERIE!! Dies ist der Moment, in dem wir die Schwelle überschreiten – – für den Bruchteil einer Sekunde gewahr werden, dass in diesem Orkus eines Tages alle Lust und Liebe dieser Welt versinken wird. Sei die viel zitierte Liebesmacht noch so mächtig, hier ist ihr Ende – hier versinkt das nachweisliche Individuum im anderen Individuum und das wechselseitig und spiegelbildlich. Hier ist nicht mehr Liebe, hier hat ein Ende das andere in sich! Hier ist Vereinigung! Hier hat der Rachen der Schlange, die sich vom Schwanz her verschlingt, ihr Genick erreicht – ein Vorgang, der sich allen Möglichkeiten des Denkens und der Mathematik entzieht – genauso, wie an der erwähnten Sekunde alle Liebesgedichte scheitern – – und am ehesten könnte ein möglicher Dichter hier sagen: Ich habe den Tod gesehen!

Solcherlei Sekunden bleiben auch auf's Leben gerechnet Sekunden. Öfter als dies und wiederholbarer, dennoch natürlich selten, winkt uns der alte Gevatter aus den Bildern von unendlicher Schönheit entgegen. Von *unendlicher* Schönheit, wie wir sagen. EBEN. Das können Tonbilder sein, wie der Andantesatz im Klavierkonzert 21 (KV 467) — das kann ein Bild sein, das uns sowohl aus dem Inhalt als auch aus der Melodie von Wörtern kommt — solcherart, wie die des Heinrich von Kleist, die Joachim Fest seinem Essay »Der tanzende Tod« vorangestellt hat:

»Zwar, eine Sonne, sagt man, scheint dort auch,
Und über buntre Felder noch, als hier:
Ich glaubs; nur schade, dass das Auge modert
Das diese Herrlichkeit erblicken soll.«

Oder die des Gedichtes des hier nachbarlichen Theodor Storm — »Hyazinthen« — das uns mit seinem Refrain

»Ich möchte schlafen
aber du musst tanzen«

viermal Schritt um Schritt in ein rätselhaftes Dämmern und Dunkeln zu ziehen scheint, ein Dunkeln, was durch den Intellekt nicht im Geringsten aufzuhellen ist. DAS sind die Conditionen, aus denen — wenn überhaupt — das flüchtige ferne und grüssende Winken der bleichen Hand meines Freundes Wetzel kommt.

Es ist überhaupt eine Seltsamkeit, ein wohl nicht zu fixierendes geheimes Gleichnis zwischen der Schönheit und dem Tod. In den anfangs zitierten Vorbildern — seien sie von Dürer oder Cranach oder oder — sind Schönheit und Tod gern GEGENeinander gestellt und der Knochenkerl illustriert in meist eindeutiger Scenerie das uns allen bekannte Schicksal zeitlicher Schönheit. Das ist gewissermassen literarische Geste, intellektuelle Metapher. Solche durchaus sinnfällige und sinnreiche Spielerei hat aber ihre Grenze, wo Schönheit und Tod INeinanderfällt. Das soll angedeutet sein: Es sind Bilder, in denen besagtes Rätsel zum konkreten Porträt gerinnt. Es ist das menschliche Gesicht.

Nun denken Sie nicht gleich ans Allgemeine. Und nicht daran, dass das Gesicht des Menschen nun in jedem Fall ein »Antlitz« wäre. Vergessen Sie mal sich und mich dazu und lassen sich hinweisen auf den kleinen Titus, heute vor 330 Jahren konterfeit durch seinen Vater, den Sie als Rembrandt van Rijn kennen. Das ganze Bild misst zwar etwa 70 mal 60 cm, das Gesicht des kleinen 12jährigen Titus ist aber nur ein kleines Leuchten von einem Zehntel der quasi gar nicht gemalten Fläche. Für dieses Porträt habe ich Ihnen keine Erklärung zu bieten, sondern nur eine Behauptung: Es ist das Bild von schierer magischer Schönheit – und zugleich hier als Zwischenbemerkung: das protestantische Evangelium, gegen das der grosse Bernini oder die gewaltigen Renaissance-Porträtisten oder die des frühen Barock zu Kunst versteinern – zur katholischen Messe quasi. Und was ist das Rätsel dieses Bildes? Ist es das Grössenverhältnis von dem Gesichtchen zur grossen »leeren« Fläche, sind es die nicht auf den Betrachter gerichteten Augen – ein Blick, der, obwohl aus einem Enface kommend, den Betrachter ins totale Nichtvorhandensein stellt. Ein Blick, der im ersten Moment den Betrachter glauben macht, der kleine Titus sei quasi in aufmerksamster Betrachtung irgendeines höchst interessanten Vorganges, kucke vielleicht auf die putzige Tollerei einer dressierten Meerkatze etwa – im zweiten Moment aber auf rein gar nichts kuckt – nicht auf etwas, was auch WIR sehen würden an seiner Stelle. Am ehesten macht uns dieser Blick glauben, der kleine Kerl gucke auf ein imaginäres Bild, was sich gerade in seiner Vorstellung bildet und die trügerische Scenerie, dass er da über einen Aufsatz oder Brief grübelt, macht die Vermutung sogar zur Wahrscheinlichkeit. Aber schon sehen wir als nächstes, dass da nichts Grübelndes, nichts Nachdenkliches oder Nachdenkendes ist, was ja der dazu gemässe Ausdruck WÄRE. Nein, der kleine Titus denkt nicht nach, kuckt auch nicht auf putzige Meerkatzen, kuckt überhaupt nicht, so möchte man sagen. Dieser Blick ist in keiner Weise ein zweckdienlicher. Die Augen sind nicht Augen, dies ist der Blick am Ende aller Guckerei, dies ist der Tod MINUS EINER TAUSENDSTEL SEKUNDE. Dies ist wieder jener Kreisschluss, wo alles Leben – wo alle Lebensvarianten gleich ihren Zenith erreicht haben. Ein Weniges mehr nur, und ES IST VOLLBRACHT. Und DAS eben ist es, was ich die – nicht die absolute, denn sie wäre tödlich – aber die höchste Schönheit nenne. Soweit meine Behauptung – nicht meine Erklärung.

Hätte nun aber diese meine Behauptung Überzeugungskraft – dann könnte ich jetzt vom Poetischen ins Literarische wechseln. Sehen Sie: Angenommen, Sie führen nach Rotterdam und stellten sich, unbedingt allein, was heute nicht Mode ist, im Museum »Boymans/van Beuningen« vor dies kleine Bild, und angenommen, sie blieben da auch für 1 Stunde allein — was heute weder Mode noch Möglichkeit ist — dann hätten Sie nur eine EINZIGE Möglichkeit, dem Blick des kleinen Titus auf seinem Weg zu folgen: Sie müssten der kleine Titus selbst werden! Und ahnen Sie wohl, was Sie dann sehen würden? Ich sag' es Ihnen: den Tod — für den Bruchteil einer Sekunde. Und dass das Ganze nicht umkippt und weggenommen ist, dafür steht allein der kleine Daumen, der diese höchste Schönheit stützt. Die Hand als Gleichnis des tätlichen Lebens, das sich unterhalb dieses Blikkes ins Fleisch drückt.

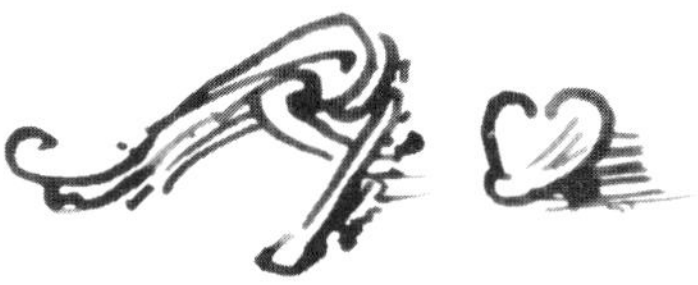

Nun wird man mir sagen: Was sind das für romantische bis biedermeierliche und obendrein ausgeliehene Vorstellungen angesichts der Apokalypse, die den Horizont um uns umklammert hält. EBEN: Diese lärmend empfohlene Gigantomanie in der Vorstellung solchen Unheils und möglichen kommenden Untergangs verdrängt perfekt das Bild von der alltäglichen Gegenwart des Todes. Der Tod im gigantischen Feuerofen und Gasofen der Zukunft ist nicht der Tod, den ich hier zitiere und zeichne. Nein, ein solches

Grossaufräumen, solch' blindwütiger Frühjahrsputz, auf den wir spekulieren und den wir mit den Wörtern »Pest«, »Aids«, »Hunger« und »Krieg« und in summa als »Apokalypse« belegen – das ist die langweiligste, dümmste, unerheblichste, wenngleich wohl sporadisch notwendige Variante im Geschäft des Wetzels – im Wetzelverstande tabula rasa aus Resignation.

Sie wollen mir also meinen sinnlich begreifbaren Wetzel aus den Bildern nehmen. Und mit den Maschinerien ihrer Meinungsmache-Fabriken häufeln sie mir, wann immer eine in etwa passende Gelegenheit ist, die Menge zerschundener und zermatschter Menschenleiber vor's Auge. Nicht der Tod – nein Leichen – Leichen als Spielmaterial. Sie spielen, parallel zu dem jeweiligen Vorort-Unsinn, den sie als Freiheitskampf oder Agressionskrieg oder Bruch des Völkerrechts annoncieren, die Chose nochmal per Bild durch. Je massenhafter Leichenschmaus, desto lieber. Informationspflicht! Sie sagen Pflicht und unterstellen, dass das sicherlich gern vor sich hindämmernde Volk teilhaben muss am Elend der von derlei Unsinn Betroffenen – sie sagen: sie kennten ihr Publikum. Abgesehen davon, dass in dieser permanenten Wechselbeziehung nicht gewiss ist, WER hier Publikum ist, ist die Folge klar: Den Empfindsamen stumpft es ab – den unempfindlichen, biergenährten Hirnen ist es grad' eben Kitzel. Man muss die Designer dieser Film-Metzeleien hinter den Kulissen ihrer Schaustellungen erleben: alerte spritzige Jungmannen, die in perverser Fachsprache ihre tägliche traurige Chose zusammenstückeln. Die informierten Informanten, die sich als die »Wissenden« wähnen – die mir das Bild des Wetzels nehmen wollen. Und nach dem ganzen Theater wird die Nationalhymne abgeleiert. Muss angemerkt werden, dass die sogenannte Wirklichkeit in Wirklichkeit scheusslicher und absurder ist als diese Zusammenschnippelei in »redaktioneller Lust«. Muss weiter angemerkt sein, dass diese im Grunde alberne und oberflächliche Mistigkeit – in der Oberfläche so entsetzlich wirkende, empfindungsabtötende Menschenfleischverarbeitung in gleicher spekulativer Weise in die Rahmen der Kunstmaler eingezogen sind. Mag ich einem mittelmässigen aber wenigstens von Paranoia gezeichneten Otto Dix noch verzeihen und ihn verstehen – den derzeitigen Protestschlurchen, die ihre Leiden aus den Gazetten rausschneiden (tatsächlich), und solches mit ein paar Schlenkern just abgesetzter Mal-Moden dekorieren – sie soll der Teufel oder der Handel holen.

Und weshalber beschimpfe und verachte ich diese Cliquen so ohne den von mir sonst geradezu geliebten Zweifel? Da fällt mir die Antwort leicht: So wenig wie ein seelisch Ungebildeter aus dem mechanischen Gezirpe eines werbenden Grillenmännchens einen Liebesbrief machen kann, so absurd ist die Vorstellung, dass just aus diesen psychischen Vakui – dass just aus dieser Species »Macher« eine Ahnung dämmern könnte von dem hier in Frage Stehenden. Da mag noch so viel »Information« eingepökelt sein — es kann sogar 'ne Wissenswurst draus werden. Aber in solchem Wissen ist keine Suche nach Erkenntnis. Das Wissen dieser Wissenden ist in sich Wurst. Erkenntnis ist aber leider nicht zu erwerben aus Wissen — Erkenntnis ist irgendwo in den Löchern des Wissens verborgen und je mehr wir wissen, desto mehr Löcher. Allerdings ist es wiederum so, dass ohne Wissen keine Löcher sind. Also suchen wir weiter. Aber — die Condition des Suchenden ist vor allem Stille! Die Stille! Haben Sie das wohl verstanden?

Stille und nicht lärmende PR in Menschenfleischverarbeitung, die sich als Informationspflicht ausgibt. Sollte ich dennoch MEINEM Wetzel für dies traurige Geschäft ein Werkzeug andichten, würde ich sagen, dass er die uns so liebgewordenen Spraydosen nimmt. Hier reicht er uns nicht seine Hand zum letzten Tänzchen, hier ist es die Gasdose! Und die Etiketten? Sie sagen: Freiheit, Gerechtigkeit, Religionsdogma oder irgendeine andere seligkeitversprechende Heilslehre. Dass diese Gase für morgen zugleich das scheusslichste Sterben machen, ist hier nur Randbemerkung. Am ehesten können wir uns davon in den Schlachthöfen grosser Städte ein Bild machen. Wer je in das erlöschende Auge eines Schweines gekuckt hat — beim lustigen Schlachtefest auf einem kleinen Bauernhof — wo aus dem kopfüberhängenden Schwein das rote

Leben im pumpenden Strahl aus der Kehle in die Eimer floss — wer da in das vom Ohrlappen verschattete sterbende Auge sah, in dem die Todesangst und die Lebenswut zu weisslichem hellem Glas gerinnen — — der kann in den Schlachthöfen der Grosstädte den Tod NICHT mehr erkennen: Brühen, waschen, sterben, zerteilt werden, in eisernen, von Motoren dirigierten Vorrichtungen aufgehängt, wo nicht mal die Reihenfolge von Brühen und Sterben, von Waschen, Exodus und Zerteiltwerden geordnet oder erkennbar ist — da ist zwar auch der Tod dabei — es ist aber der zutiefst gelangweilte Tod. Und um nun solch' einen ähnlichen langweiligen, alle Einsicht ins Sterben verstellenden Vorgang schnell abzuhandeln:

So ein Grosstadtschlachthof wird unser schönes Europa sein, da wir die armen Schweine der 2 Grossgrundbesitzer dieser Erde sind: Vergast, verstrahlt, enthäutet, verbrüht, verbrannt, zergliedert, erstickt, gelähmt und qualvoll sterbend — die Reihenfolge ist auch hier den Schlächtern egal — ein einziger Schlachthof wird das geliebte Europa sein, in dem wir den Tod nicht mehr erkennen werden. Dies ist alles nicht wirklich der Erwähnung wert — es ist langweilige Perversion. Es ist schon lange so — so ist es heute und morgen ebenso.

Und was auch schon immer so war, sei noch schnell abgehakt: In solchen Putz- und Abräumzeiten standen die Schergen hoch im Kurs. Es gibt immer wieder Zeiten, wo solche die Zeichen ihres Auftrages öffentlich tragen. Die Schergen-Standarte Hitlers war so ein relativ aktuelles Beispiel. Aber Beispiele dieser Art reichen weit in die Geschichte zurück. Perfidere Beispiele sind jene nicht leicht zu identifizierenden Biedermänner, die ihre furchtbaren Auftragsbücher in diesen kleinen eleganten schwarzen Köfferchen tragen: Top secret – totsicher! sagen die Stempel. Ich bemühe mich hier zwar, meine Gedankeleien in etwa zeitlos zu halten, kann es aber nicht lassen, Sie an jene Waldersee-Konferenz zu erinnern, wo in relaxer, angenehmster Plauderei ein ganzes Volk zur Vergasung freigegeben wurde. Und genau in diesem Sinne wird just heute – jetzt – ein paar Kilometer nur von uns entfernt eine solch relaxe Plauderei geführt, mit dem einzigen Unterschied, dass sich die Schergen hier in Mimikri bewegen. Da stehen sie, die Biedermänner, um den Tisch herum, vielleicht in so 'ner Art Gobelinzimmer mit kostbaren Tapisserien und schweren teuren Teppichen ausstaffiert, was die sowieso schon artig artikulierte Unterhaltung gänzlich auf vornehm dämpft und auf dem Tisch ist Europa ausgefaltet – in Planquadrate aufgeteilt – klitzekleine Kreise, niedliche Kreuzchen, zierliche Hieroglyphen neben Dreieckchen und Pünktchen und zarten Linien bilden ein allerliebstes Muster – eine aparte Stickerei – Dessin: »Friedenslösung«. Und aufgemerkt: Die kleinen Kreise und Dreieckchen sind die Sammellager für hilfloses, ahnungsloses, emsiges, junges und altes ziviles Fleisch. Es sind Kinder, Kranke, Krüppel, Greise, kleine Mädchen, Öhmchen und schöne Frauen und entzückende Mütter – auch Musikusse, Dichter und Maler, lustige Galgenvögel allzumal und Pfaffen und Pastoren, natürlich auch stumpfsinnige Journalisten und

Wichtigtuer, Tage- und Taschendiebe und die Menge titelloses Volk. Und was sie alle untereinander verbindet, was sie quasi zu einer Spezies macht, aus der mal eine »Rasse« werden könnte – das ist, dass es eine Millionenmenge mehr oder weniger Harmlosigkeit ist! Was sie verbindet, ist das zutiefst Zivile. Viele reden unsinniges Zeugs, manche träumen von irgendeiner verlorenen Heimat, die Dümmsten pfeifen nicht bös' gemeinte böse Lieder. Sie dükern sich auch gegenseitig, wenn's um die Wurst geht. Sie werden auch straffällig gegeneinander und strafen und verzeihen sich letztenendes ihre Unartigkeiten. Ja, man kann sagen: es ist eine liebenswerte Menge Mensch. UND UM EBEN DIESE MENGE MENSCH IST SO EIN KLEINER KREIS GEZOGEN auf der aufgefalteten Karte auf dem Tisch im erwähnten, ach so gedämpft vornehmen Gobelinzimmer – ein kleiner Kreis, gezeichnet von einem zierlichen Kugelschreiber in der manikürten Hand eines Schergen, und diese Kreise sind die per Notstandsgesetze geschlossenen Sammellager für die programmierte Vergasung.

Was diese Konferenzen, vielleicht grad' in dieser Stunde einige Kilometer von hier entfernt, zur Wannsee-Konferenz macht? So fragen die, die die bestialischen Auswüchse teils noch lebender Hirne von 1900 + Badewanne so gerne aus allen anderen Bestialitäten der Geschichte herausgenommen wissen möchten? Nun, es ist exakt jene Kälte, jene kalte, teilnahmslose, mitleidsfreie Planung in wohldosierter Heiterkeit einer Herrengesellschaft, die sich – wodurch ist mir nicht erklärlich – vom Menschen abgesondert hat. Weiter: Dass es sich wirklich um Wannseesches handelt, könnte ich mit einem burlesken Einfall oder makabren Witz beweisen: Wir ohnmächtigen Schweine müssten nur konvertieren und uns alle wie verabredet zum gleichen Zeitpunkt die kleine Mütze vom Schwänzling abnehmen lassen – wir sollten uns vielleicht beschneiden lassen – wir ohnmächtigen Schweine vom Schlachthof der 2 Grossgrundbesitzer dieser Welt wären dann ein »auserwähltes« Volk – wie jenes wirklich auserwählte Volk, das von einem unergründlichen Hass aus Neid und Minderwertigkeitsgefühl wahlloser, talentloser Massen fast ausgerottet worden ist. »AMEN«.

Ich hüpfe nochmal zurück: Gewaltige Kriege und Pestilenzen hätte es schon immer gegeben – sagt man! Und demnächst würde alles Leben von unserer Erde weggefegt – sagt man! Wie gesagt! Und gleich folgt die schon erwähnte Klugscheisserei – es sei angesichts und eingedenk solcher Dimensionen geradezu verniedlichend, den Tod als sinnlich begreifliche Figur zu malen. Ich antworte: Wieso haben denn unsere Vorväter sich diesen Kerl hingemalt, ohngeachtet all' dessen, was sie als ihre jeweiligen Katastrophen und Weltuntergänge verstehen MUSSTEN!? Nun – ihnen war noch gegeben,

Phänomene ins menschliche Mass zu bringen. Sie waren noch in dem entscheidenden Gedanken – nein Wissen – nein: in der Wahrheit, dass Quantität ihrem Wesen nach und ursächlich dem Menschen entgleitet. Das sagt nicht, dass sie, einer tragischen Schwäche folgend – als den Babyloniern Nachgeborene, weiter am Babelturm bauten. Aber während sie solchem Schicksal unterworfen weiterbauten an diesem unsäglichen Ding, war es ihnen bewusst, dass es Babel ist. Sie ertrugen und erlitten diesen Widerspruch. Das Ertragen solch' gewaltiger Widersprüchlichkeit wird aber bald aus der Welt verschwinden, wenn es nicht schon futsch ist, und futsch ist damit auch das Leiden an diesem Widerspruch: BABEL IST NICHT MEHR FATALES SCHICKSAL SONDERN SELIGE ZIELSETZUNG. Ich tue hier mal etwas uninformiert altmodisch und nehme den Raum als unendlich an und folgere: Gigantonomie vergrössert den Raum und entsprechend der Leere des Raumes, die die Folge seiner Vergrösserung ist, ist uns auch der Tod ein leerer Begriff geworden. »Wir + Alles müssen sterben«: In dieser leeren Floskel vom Phänomen ist der Tod – ist Gevatter Hein des Claudius und der Tannewetzel verschwunden, ist lexikalisch abgehakt. Und der Kerl mit der Sense wird mit einem blöden Lächeln bedacht.

Es ist aber eben gar nicht so lange her, dass die in durchaus apokalyptischen Stimmungen gefangenen Menschen ihr Leiden und Wissen vom Ende, dass sie dies Drama und die dramatische Klage in eine sinnliche Dramaturgie brachten: ins Bilderbuch, ins Lehrbuch, ins Schauspiel Jedermann und am festesten ins Kasperle Theater, wo dem Kasper und Konsorten unbedingt der Tannewetzel beigegeben war — zur Vorstellung und Einführung in die Kinderseele, DASS SEIN ERSTER AUFTRITT der Eintritt ins Leben sei.

Nun gut — die wissenden Klugscheisser, die Auf + Abgeklärten wollen von meinem Freund Wetzel nichts wissen. Sie werden ihn mir aber nicht nehmen können. Allein die Tatsache, dass er mir Hirte = Pastor ist und ich mich sorgsam in seiner Nähe halte, so wie das Kind an der Schürze der Mutter — weil er sich nämlich meiner damit jederzeit sicher weiss —, während er solche, die sich emsig hinter Karrieren und Barrieren verbergen wollen, womöglich mit Würdekostümen und Titelhüten maskiert, am sichersten greift — wie ein Hirte eben, der just nach dem greift, was sich davonstehlen will — — allein dies schon lässt mich in seiner Gewissheit und Obhut bleiben. Und überdies ist zu sagen: Wann immer er mich greift, wann immer er auch kommt — er kommt pünktlich! Noch nie hat man mit Verstand sagen können, was aber alle sagen: er sei zu früh gekommen. Und noch nie hat man mit Verstand sagen können, was nun merkwürdigerweise keiner sagt: er sei zu spät gekommen. Seine einzigartige Art ist es, stets pünktlich zu kommen. Und Pünktlichkeit ist die Höflichkeit der Könige.

Mein witziger Freund Thomas Garbe sagte zu dieser lapidaren Feststellung: »Man kann ihn aber auch rufen!«, und spielte wohl auf den Suizid an. Und was ich ihm replikte, will ich Ihnen nicht unterschlagen.

Sehen Sie: Kunsthistoriker, Kunstwissenschaftler und Kunstrezensenten allemal – diese einerseits und Laien andererseits – beide Sorten sind in einem gleich, nämlich in dem Glauben, eine Zeichnung habe ihren Anfang im *1.* gezogenen Strich oder hingetupften Pünktchen. Es ist nich' so!! Da ist für den beispielsweise zu zeichnenden Apfel als erstes Apfel-laune Voraussetzung. Dann folgt die Wahl des Papieres, dann die des Stiftes oder Pinsels. Dann muss das Ding ins rechte Licht gesetzt werden, denn das kennen wir ja wohl von jenem Apfel, den wir Mond nennen: die Stellung zur Sonne ergibt 15 verschiedene Mönde – und dann – ja dann vielleicht ist der letzte entscheidende Augenblick da: Die Hand setzt den 1. Strich aufs leere Papier und die Chose folgt nun mehr oder weniger zwanghaft dieser Entscheidung. Goethe, natürlich ER, hat's mal pfiffig formuliert: »Mit dem 1. Strich verliere ich meine Freiheit«. Das ist richtig UND falsch. Ich verliere meine Freiheit als Zeichner schon bei Eintritt der genannten Apfel-laune. Und nun wieder zu der Bemerkung besagten Freundes: Man könne ihn aber auch rufen – den Gevatter Wetzel! Und ich: Mein Lieber, höre: Ich gehe in indolenter Verfassung durch eine Allee. Windstiller Herbstsonnentag und alles steht wie auf eine Fläche gepinselt. Nur ich allein gehe da und bewege mich im Rhythmus meines Pulses etwa, den ich in all' der statischen Stille um mich herum zu hören glaube. HORA RUIT! Und *da* trudelt ein einzelnes Pappelblatt durch mein Blickfeld und liegt dann reglos auf der Strasse vor mir. Könnte wohl sein, dass grad' zu diesem einzelnen fallenden Blatt in mir ein Einfall einfällt, nämlich der Einfall: IHN, den Besagten, zu rufen. Solcher Ruf ist natürlich lautlos, und das Schweigen müsste übersetzt werden — in Sprache zum Beispiel und dann hiesse vielleicht so ein Gesprochenes: »Es hat alles keinen Sinn«. Ja, und dann vergehen noch 2 Tage der Überlegung, ob ich denn nun den Strick oder den Revolver wähle. Nun ja — die Allgemeinde glaubt, dass im Moment des Knalls oder des Knackens der Halswirbel der Knochen-Kerl zugegriffen hat. So ist es auch — allein: genau ER — Selbiger — löste lange vorher schon das Pappelblatt. Ergo: Man kann ihn nicht rufen. Wann immer er auch kommt, er kommt pünktlich und Pünktlichkeit ist die Höflichkeit der Könige.

Gravierender für meine Starrköpfigkeit, mir den sinnlich begreifbaren Wetzel nicht nehmen zu lassen, ist sein 1. Auftritt in meinem kleinen Leben in der Lerchenstrasse 14 zu Oldenburg.

Der Schneidermeister Fritz Janssen, mein Grossvater, war ein schweigsamer Mann und wenn er etwas sprach, dann mit seiner Kundschaft, unter der er dann ganz sicherlich wieder Favoriten hatte für eine relative Wörterverschwendung.

Und mit mir redete er! Und in seinen Geschichten und Redensarten nahm nun Gevatter Hain, den wir hier Tannewetzel nennen, einen bevorzugten Platz ein. Ja — wenn Opa mir erzieherisch gekommen wäre, dann wäre Gevatter Hein sowas wie ein Haus-Buhmann gewesen: Denn die Art + Weise, wie Opa ihn wörternd illustrierte, machte mir den Tod zu einem ganz + gar unmystischen Wesen: Ein zu fürchtender Geselle, einem Räuber ähnlich. Er kam justament aus dem Bilderbuch.

Nun — Fritz Janssen, der Schneidermeister, nahm sich seinen täglichen Mittagsschlaf, natürlich auf seinem Schneider-Tisch. Da lag er dann — der Länge nach — unendlich lang — ziemlich lang — und überdies flach wie ein grosses, lässig hingeworfenes Tuch — die kantige Kontur des hageren Leibes im Gegenlicht, das durch die gelblich verblichenen Rollos gedämpft auf den Tisch fiel. Da lag er, den knochigen Schädel auf den Flickenhaufen gelegt und hatte sich das grosse, rote, weissgepunktete Taschentuch übers Gesicht gelegt zur weiteren Verdunklung. Dann dauerte es ein paar Minuten und die ersten Röchel- und Schnarch-Konsonanten kamen unter dem Tuch hervor — sodann fiel der Unterkiefer runter, dass der Saum des weissgepunkteten, roten Taschentuches über dem schnarchenden Schlund auf- und abzitterte. Es war für mich ein Schauspiel, dass ich immer wieder gierig erwartete — ich durfte nämlich während der heiligen Ruhestunde in der Werkstatt bleiben.

»Aber du bist still!« orderte Oma jedesmal.

Nun muss ich darauf aufmerksam machen, dass ich wegen dieses weissgepunkteten grossen roten Taschentuchs ja nie Opas geschlossene Augen gesehen hatte — nie die grossen Augendeckel zugeklappt gesehen hatte.

Aber dann war da ohne Menetekel der Tag gekommen, an dem es morgens so merkwürdig still oder eben ganz »anders« im Haus war. Ja – in dieser Nacht war Opa gestorben und es waren morgens ganz fremde und viel zu viele Personen im Haus. Diese hatten Opa auf seinen Schneidertisch gelegt, und Oma führte mich an die spaltbreit geöffnete Werkstattür, und ich sah unter ihrem Ärmel hindurch meinen Grossvater genau da liegen, wo er für mich nur mittags liegen durfte. Und auch mit ihm war alles anders, und er war ganz still und schnarchte nicht und ich guckte zuerst ganz gebannt auf die 2 grossen geschlossenen Augendeckel, tief in den Höhlen zwischen Jochbein und Backenknochen – auf diese Deckel, die ich ja nie und nimmer geschlossen gesehen hatte. Klar – unter diesen Deckeln also schliefen Opas Augen, und ich fragte, obwohl ich es besser wusste – und ich wusste es besser, obwohl es mir keiner je erzählt hatte als eben mein Grossvater allein – ich fragte also: Schläft Opa? Und Oma sagte: Ja, mein Junge, für immer + ewig.

Nun ja – mit dem grossen Taschentuch hatte man ihm das Kinn hochgebunden, als befürchtete man, er würde womöglich in aller Ewigkeit weiterschnarchen, und seine knochigen, vom Nadel- und Zwirnziehen ganz artritischen Finger hatte man zusammengebogen, dass es aussah, als faltete er die Hände für ein Gebet. Aber die Verformung der Finger durch sein tägliches Beten per Nadel + Zwirn widersetzte sich auffällig dem letzten Gebet. Es sah alles sehr nach Wilhelm Busch aus. Und das – das wusste ich nun – das also hatte der »Räuber«, dieser Gevatter Hain, getan (den ich natürlich unter den vielen dunklen fremden Leuten vermutete).

Bleibt noch zu sagen, dass ich das Neue erst wirklich begriff, als man Opa aus dem Haus trug und er am nächsten Tag nicht, auch nicht am übernächsten und am überübernächsten auch nicht zurückkam. Und dabei war Opa nie verreist gewesen.

Nein — die wissenden Klugscheisser, die Auf + Abgeklärten, werden mir den Knochenkerl nicht aus den Bildern rausbringen, nicht aus diesem Kaleidoskop, das mir im Kopf klötert. Wie immer ich's auch schüttel + rüttel, ER ist mit im Bilde.

Komme ich auf die zu sprechen, die noch weniger wissen, als die erwähnten Wissenden, auf die, die an die Stelle der Klugscheisserei die Emsigkeit setzen. Nichts ist der Besinnung entgegengesetzter als die Emsigkeit. Während der Verzweifelte über die Zukunft sinnt, während der Verbrecher entweder über die Gefahr, die ihm droht, voraussinnt oder in Reue nach der Tat sinnig wird und während der Verkommene der Vergangenheit nachsinnt, denkt der Emsige entweder überhaupt nicht, oder er denkt genau das, was gar nichts zu bedenken aufgibt: Denn das Emsige ist bedenkenloses Weiter + Weiter, wenn es nur die allgemeine Richtung ist, und die allgemeine Richtung ist zwanghaft die, die alle Emsigen einschlagen. Man nennt das Karriere. Und die Karriere ist ein Treibsand in umgekehrter Physik: Es versinkt zwar nichts, aber es steht auch nix, es steigt alles, und das ist ein allgemeiner und öffentlicher Zwang. Und wo soll da wohl ein Haus STEHEN? Kein Haus kann da sein, wie es mal Häuser gegeben hat! Oh, ich spreche hier nicht von Architektur – ich spreche von jenen Häusern, die eher eine Lebensschale waren, in denen geboren und gestorben wurde. Meine Nachtmütze weiss, dass die Häuser meiner Kindheit in weiter Vergangenheit liegen. Allerdings nicht soweit, wie Ihr glaubt. Ich will auch nichts geändert wissen in der emsigen Unhäuslichkeit um mich herum. Ich will nur das Haus aufzeichnen, in dem geboren wurde, gestorben wurde – Brut und Pflege und Aufzucht der jungen Hunde Statt hatte, bevor sie ins feindliche Leben entlassen wurden, um dann zur Ruhe und zum Sterben ins Haus zurückzukehren. Zu was ist inzwischen aber das Haus verkommen? Und zwar in sehr kurzer Zeit! Das muss immer wieder gesagt sein: Zur Wohnkultur! Nun mag zu Goethes Zeiten und im Falle Thomas Mann ja noch von bürgerlicher Wohnkultur zu sprechen gewesen sein – heute ist in diesem Sinne dies Wort Blasphemie. Was sich heute in den Häusern der Emsigen tut, ist Zivilisationshorror. Es ist – abgesehen vom Psychoterror aus Geistlosigkeit und Lebensleere eine perfekte, kompakte Putzmaschine (z. B.) geworden – eine Maschine, die putzt um sich zu putzen. Die Putzmittelindustrie putzt per PR die Hirnschalen der Frauen sauber, und zwar inwendig und das heisst: leer. Die Frauen putzen die Männer für deren Auftritt in den Büroetagen, wo Putzfrauenkolonnen schon geputzt haben. Dann werden die Kinder geputzt und wenn diese aus ihren Televisionsträumen raus keineswegs putzmunter zur Schule abdriften, wird das Haus geputzt, und beim Hausputz sickert in die Frau der Gedanke an den Selbstputz. Und genau an diesem Punkt schlägt die Albernheit um ins Tragische. Das Soundsomittel putzt die sanitären Fliesen derart blank, dass man den als Spiegel gedachten Spiegel vergessen kann. Da nun aber eine vom jahrelangen Putzen ganz zerputzte Vierzigerin wohlweislich nicht ohne Maske in den Spiegel kuckt, wird sie nun von ihrem Spiegelbild in den spiegelblank geputzten Fliesen total überrascht — sieht sie einen zwar zerputzten, aber dennoch Menschen.

Da nun in der Regel ein Gatte so dumm ist, wie die Gattin erst allmählich geworden ist, hat er ihr natürlich nicht jene Passagen aus dem Kompendium des Casanova vorgelesen, die da zeigen, auf welch' wundersame Weise Eros äussere Schönheit und ihr Gegenteil relativiert. Na ja — Madam sieht also da, wo sie wohl die Make-up-Maske wähnt, tatsächlich einen Menschen, und dies zu ihrem masslosen Erschrekken.

Und ab da entscheidet sie, dass das ganze Leben wohl ein einziger Putz sei. Sie rast wie bei Schillern los als Putzhyäne. Sie reibt und wienert und putzt die Bolzen der Fensterverschlüsse und die Kugeln der Messingbetten: DAS ist ihr wie Gatteneichel. Sie kratzt und wischt und poliert Töpfe, Schalen und Schüsseln — DAS ist ihr wie Gattenglatze + Kinds-Ärschling. Sie spritzt und drückt aus handschmeichelnden Dosen das Antibakterium in Ritzen, Löcher und Spalten — DAS ist ihr wie Masturbation. Sie putzt dies, sie putzt das und stellt jedes und alles wieder genau auf den Punkt, auf dem es stand. Das ist jene Ordnung, die unbedingt eingeübt werden muss, wenn der Ordnungssinn auf's Pawlowsche Prinzip verkommen ist. Und währenddessen läuft das Wasser im dicken Strahl aus der Leitung und das Klo rauscht siebenmal in der Stunde — zuletzt als *eins* ihrer zwar geputzten, aber unabwendbar alternden Haare runtergespült werden musste — mit 9 Litern Trinkwasser.

Derart also ist das häusliche Treiben, wobei dies nur als Metapher für vieles gezeichnet ist, denn wie der rieselnde Staub, zärtlichstes Memento mori, den Leutchen auch nicht im Geringsten Indiz der Vergänglichkeit ist, sondern nur Anlass, ihn wegzuwischen, so herrscht auch eine geradezu psychopathische Wut gegen alles, was nicht wie neu aussieht, und sei es gleichwohl uralt. Die Verdrängung des Wetzels feiert Triumphe in der Restaurierung. Während wir die, von heut' aus gesehen, *geistigen* »Irrtümer« der Geschichte nicht etwa begreifen, sondern überheblich belächeln als nicht mehr relevant und solches durch aktuelle Irrtümer ersetzen — pinseln und pappen und mörteln und gipsen wir die Spuren des Wetzels weg. Das ist einer der Gründe: Abgelöst, total abgenabelt vom geistigen Ursprung — nicht mehr in Korrespondenz mit den inzwischen seligen Geistern restaurieren wir Sanduhren zur Antiquität. Wir machen zur schmucken Antiquität, was mal rinnende Stunde war! Keine Häuser, keine Orte, wo gealtert werden darf, denn Opa sabbert beim Löffeln der Suppe. Ja, das ist Quintessenz: Nachdem Opas Gebiss zum 5. Mal restauriert ist, kann man doch den GANZEN Opa nicht restaurieren. Und so wäre er das »lebende« memento mori. Ab mit ihm in die Kunststoff-Prae-Särge! Und also keine Häuser der Einkehr für meinen Freund! Und deswegen auch darf nicht mehr in den »Häusern« gestorben werden.

Am besten — es darf überhaupt nicht mehr gestorben werden.

Wenn ich am Sonnabendmorgen und am Sonntag, wenn viel zu spät die Glocke der Kirche geläutet wird, auf dem kleinen Söller meiner kleinen Burg stehe mit meiner 11. Morgenzigarette und der 10. Tasse Kaffee, im Morgenmantel, den ich den ganzen Tag trage aus Faulheit und ebenso aus Faulheit barfuss, dann sehe ich Blankeneser Herren in gänzlich alberner Manier zur Elbe runterstrampeln — Jogging — dann denke ich, was ist das für eine Krankheit, die da gegen mögliche Krankheit wirken soll? Einzeljogging, Pärchenjogging, Gruppenjogging — neuerdings in marathonischen Ausmassen en masse per 2 x 2 Millionen Füssen in New York, dann in äffischer Nachahmung in Berlin-West und dann im ganzen Land. Jeweils eine Stampede von anatomischen Monstern (wie ich), fette wabbelnde Missgestalten (wie ich), ekelhafte Ausdünster (wie ich NICHT), Anti-Körper auch, denen alles Körperliche abgetrimmt ist – Suppenhühner, die den Zahnärzten zuarbeiten. Megären hart wie Kruppstahl, zäh wie Leder usw. und was der Scheusslichkeit mehr ist.

Oh nein, ich habe beileibe nix gegen trainierte Körper – ich liebe geradezu die kühle trainierte Nymphe Sidney Rome! Natürlich ohne den hüpfenden Hintergrund. Aber diese besagte Massen-Scheusslichkeit – man nannte das noch vorgestern »Erregung öffentlichen Ärgernisses« – aber solche Öffentlichkeit, die Voraussetzung für dieses Delikt ist – diese Öffentlichkeit scheint auf mich zusammengeschrumpft zu sein.

Na gut – ich weiss drum und trage Kutte und will nur sagen: Es ekelt mich Minderheit, wenn mir diese Scheusslichkeiten über den Weg laufen. Ich frage mich dann: Können die nicht Zuhause bleiben? Das würde doch einen alten Sinn des Zuhause erfüllen: Sie bleiben Zuhause und legen ihre Scheusslichkeit zusammen – aufeinander z. B. – und strampeln DANN! Zumal solch' Strampeln alle Funktionen des Laufens, des Schwimmens und des Hüpfens impliziert – und Scheusslichkeit AUFEINANDER verdeckt doch wenigstens die Hälfte derselben – gegen das Schönheitsempfinden der hübschen Kinder.

Ist dies ein unbilliges Verlangen? Ja, das ist es. Denn solche, die solchermassen sinnlos in der Gegend herumlaufen, sind »anders« – Spezies »Emsige«. Und dass solche Unternehmungen das Leben verlängern, ist 1. nicht erwiesen, und 2. wäre grad DAS die Peinlichkeit, WENN es erwiesen wäre. Was ist denn das Leben solcher Läuferwesen? Davon kann man ausgehen: Wesen, die der Blödsinn in Massen vereint, sind gemeinhin Blödsinnige oder werden zu solchen. Welche Sinne, von denen wir 5 haben und 6 haben sollten, werden denn in solchen Veranstaltungen geübt oder befriedigt? Blind sind alle, denn nur der Vorderste muss kucken. Der Geruchssinn?: Alles stinkt nach Schweiss und Darmentlüftung, der Tastsinn ist auf die Fusssohle reduziert und wird zertrampelt. In den Ohren überdröhnt der eigene Puls alle anderen Geräusche, ganz sicher das Zirpen der Grillen, und was die Zunge angeht: Sie ist auf sich selbst angewiesen und schmeckt so köstlich wie ein Herrensocken. Naja, was soll man sagen.

Dies kann man sagen: Als Gemeinplatz bezeichnet mein alter Freund Joachim Fest seine eigene Behauptung: Alle Kunst und alles Denken überhaupt habe seinen Ursprung in der Erkenntnis des Sterbenmüssens. Er ist aber auch, wie ich, der Meinung, dass zumindest seit Goya, in Einzelfällen schon früher, alle Kunst ihren Ursprung in »Krankheit« hat, und Lichtenberg behauptet dies für sich über sein eigenes Werkeln mit den Worten: »Gebe dem Mann einen Buckel und gleich fängt er an zu denken.« Nun zielen wir damit natürlich nicht nur auf Nieren und Wirbelsäulen oder gar auf die Leber – da würde ja womöglich aus jedem Alkoholiker ein Poet –, nein, Krankheit, liebe Leute, das ist auch solche Vorzüglichkeit wie: Einsamkeit, Sehnsucht, Leidenschaft – wie das Wort sagt – und Verzweiflung allemal! Aber auch, wie uns Heine sagt, die pathologische Liebe: »Denn ich bin vom Stamm der Afra, die da sterben, wenn sie lieben«.

Was aber ist derzeit und seit langem Protz

und Gebot: Gesundheit, Gesundheit, oh Gesundheit. Man diätet, trippelt, man massiert und badet und urlaubt sich gesund. Neuerdings philosophiert man sich sogar gesund und das von mir nie sonderlich geliebte »Logische« ist nahezu auf's Ökologische geschrumpft (Kalau!). Auf jeden Fall scheint es besonders gesund zu sein, sich das Lesen abzugewöhnen. Ein Kalenderspruch vielleicht tut's grad noch: mens sana in corpore sano. Nur vergisst man zu definieren, was denn ein gesunder Geist ist. Ich glaube nicht, dass es *der* ist, der in den Gesunden über die Trimmwege hoppelt.

Also: Gesundheit ist Trumpf. Und sag ich noch gern: Was sich äusserlich chaotisch und zerstörerisch gibt – ich meine die Avantgarde in meinem Metier – es ist allemal die zwar etwas undisziplinierte aber dennoch Gestik gesunder Turner und wenn sich das Turnerische ins »Denkerische« wechselt – das wären die noch + nochmal Symbo + Surrealisten – so ist es meist wieder was ganz Gesundes, ein gesunder Sinn für's Spekulative – vom Markt erleuchtet.

So – das waren 2 Bilder aus dem Leben, das die Emsigen zu leben haben und das sie, wenn sie nach dem besagten Putzen und Laufen erst richtig losemsen, gern Existenzkampf nennen.

Was ist das Kriterium des emsigen Existenzkampfes – es ist »Siegen«. Aber alles was den Menschen zur Spezialität macht – zum Menschen nämlich, DAS ist *nicht* in diesen Siegen der Emsigen. Es ist der Sieg der Masse über die kleinere Masse, der grösseren Tücke über die geringere, des Begabten über den weniger Begabten. Es ist der Sieg über den Nachbarn. Konkurrenz belebt das Geschäft — aber eben NUR das Geschäft. Und am Ende steht immer der Sieg über den Konkurrenten. Wie selig der Klempner, wenn der 2. Klempner aus der Strasse raus ist. Wie offensichtlich selig der Kaufmann und Krämer im Gleichen. Wie verdeckt selig die geschniegelten Konzernmanager im Gleichen — ihre rasierklingenschmalen Münder ziehen in den Winkeln so 'ne Art Menschlichkeit zusammen, wenn sie denn endlich gesiegt haben.

Und alle diese Siege sind narkotischer Art. Es ist der Sieg des Tuns über den Gedanken. Wäre das Ziel der Gedanke, würden wir nicht aufhören zu denken, denn kein Gedanke überlebt ungeknickt das Denken über den Gedanken. Womit ich bei der Besinnung angelangt wäre.

Und in der Besinnung taucht das Bild des Wetzels wieder auf. Nicht die blöde Konstatierung: »Wir müssen alle sterben« — diese dümmliche Abstrahierung — nein, der Wetzel wird zum sinnlichen Gefährten, zum Vademecum. Und aus solcher Besinnung wenden sich häufig die Bilder, die gewohnten, auf eine ungewohnte Weise. Als in Europa der Bauer noch mit der Sense den Menschen das tägliche Brot vorlegte, war es ein sinniges Bild, dem Wetzel dies gedengelte Ding als Werkzeug beizugeben. Kriege und Pestilenzen legten wahllos und am einzelnen desinteressiert, arm + reich, gross + klein,

Kinder und Greise zu Boden. Das Desinteresse am Einzelnen initiierte das Bild vom Sensenmann, dessen Sensenschlag die einzelnen Halme nicht zählt.

Wie ist uns nun aber zu Mute, heute, wenn ich Ihnen um eine Winzigkeit nur dies Bild verschiebe. Wenn ich Sie beeindrucken möchte mit der Vorstellung, dass eben diese Sense ja vielleicht ursächlich nicht irgendwelches Kraut zu Boden legt — dass sie vielmehr dann gedengelt wird, wenn die ZEIT DER REIFE angebrochen ist. Um die Ernte des GEREIFTEN geht's also in diesem Gedanken. Reife — da liegt's — — im doppelten Sinn, denn es ist auch gut ein Imperativ draus zu machen. Will sagen: Dass wir ausgesät sind, um eingebracht zu werden — und dass wir jeder einen Frühling haben und einen Sommer und einen Herbst und manchmal sogar ein bisschen Winter, wenn es sich um solche handelt, die als Grünkohl oder Weinrebe gedacht sind. Woraus hervorleuchtet, wenn uns dies einleuchtet, dass wir erst am Ende wissen, als was wir gedacht waren. Läuft die Chose erstmal, sind Hinterherdenken und Bedenken über den Anfang müssig — allein das Ende schlüsselt die Sache auf.

Reife — Imperativ! Reifen die Emsigen aber heute noch? Ä Ä — nehme ich doch mal wieder meine — zwischen Anführungsstrichen aufgehängten — Kollegen: Sie sollen ja die wahrhaftigen Verkünder des Zeitgeistes sein, die Pfoten weniger am Pinsel als am Puls und Portemoney der Gesellschaft. In welchen Tagen und Wochen ist die Reifezeit solcher anzukreuzen? Wann wächst der Dilettant in den Schüler — wann der Schüler in den Gesellen und wann dieser in den Meister, und wann wird der erblühte Meister mit Gottes und der Hummel Gnadenhilfe

Früchte ansetzen? Nein nein, diese Mutanten hüpfen doch gleich vom Dilettanten in den Meister – wenn sie nicht gar vom Himmel gefallen sind. Frühling, Sommer, Herbst und Winter sind da nicht. Es sind in allen Zeiten allemal Früchtchen im gleichen Zustand. Treibhausgewächsen vergleichbar und als solche gepfropft und gezüchtet auf Marktlücke hin. Aufzucht im Marktordnungssinne! Zucht und Ordnung – Wörter, die ansonsten grad von eben diesen Zeitgeistern gemieden werden, wie das Weihwasser vom Teufel. Und die Zuchtmeister sind die emsigen Händler dieser emsigen Geister und die alles versimpelnden geschwätzigen Emsigen der Journaille. Nein – von Reife + Reife Imperativ ist keine Rede. Und der Kerl mit der Sense sollte sich das Dengeln sparen.

Nun höre ich den Einwand: Und Mozart, Rimbaud, Raffael? Und ich antworte: Könntet Ihr, die Ihr so weit von Mozart und Rimbaud entfernt lebt, nicht endlich mal damit aufhören, für Eure ichbezogenen und selbstgefälligen Rechnungen grad diese Geister zu zitieren? Könntet Ihr nicht überhaupt mal ein Päuschen einlegen – wie gesagt: BESINNUNG genannt – ein Päuschen einlegen im Deklamieren dessen, was Ihr die unter Euch vereinbarte »Wirklichkeit« nennt? Nur ein Päuschen mal wenigstens: Könntet Ihr Euch *mal* die Vorstellung machen, dass jedes Ding seine eigene Zeit hat, dass die Sekunde eines Mozarts mehr enthält als dutzende Eurer »wohlverdienten«, halbverschlafenen und dennoch emsigen Jahre? Könntet Ihr überhaupt nicht mal anfangen, die originären Erscheinungen hinter den von Euch gepinselten Kulissen, den verallgemeinernden Begriffen zu entdecken? Könnte es nicht sein, dass z. B. die

Silbe UN einen Fall EURER Wirklichkeit lediglich zum Nichtfall macht, so wie wir als UNsinn bezeichnen, einen Halbmond Vollmond zu nennen, obwohl er *beständig* voll ist, während wir nur die Hälfte sehn?

Nun ja, nach diesen spinnerten Hüpfern hüpfe ich schnell auf den Boden der sogenannten Tatsachen – nicht um mich zu widerrufen, vielmehr um Ihnen zu zeigen, dass hier gleichermassen gewohnte Vereinbarungen den Vollmond halbieren.

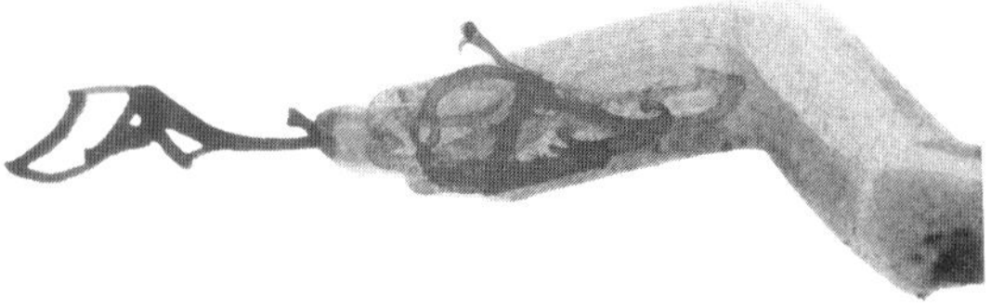

Ich stelle mir einen windigen warmen Junimorgen vor. Es ist etwa 9^{00}, und der unscheinbare zierlichwüchsige Herr, den ich jeden Tag ausser Sonntag um diese Zeit das Haus Nummer 14 in der Bogenstrasse verlassen sehe, er steht auch jetzt grad auf dem Treppenabsatz vor der Haustür. In seiner Brille funkelt das Morgenlicht, sein dünnes, straffgescheiteltes Haar ist wohl noch feucht von der Morgentoilette, sein verblichenes, etwas pauvres Staubmäntelchen mindert nicht den adretten ordentlichen Eindruck, den das ganze Männlein macht. Es ist der von allen Anwohnern der Strasse gern gegrüsste Herr Tawe, der in diesem Haus in möblierter Untermiete wohnt. Es ist, wie gesagt, 9^{00}, und jetzt wird er die drei Stufen der kleinen Vortreppe in leicht hüpfender Weise runterkommen und sich nach rechts Richtung Bahnhofstrasse wenden, hin zum Tabakladen, wo er sich seine tägliche Zigarre spendieren wird. Diese eine pro Tag, die mit der briefmarkenbunten Bauchbinde, die er im Weitergehen von der Zigarre abzieht und sorgsam in seine Manteltasche steckt. Die Jahressammlung klebt er zu kleinen Tabletts zusammen – von Weihnachten zu Weihnachten – denn er liebt sein Mütterchen und ist wohl so um die 40.

Es ist 9^{00}, es ist der warme Junimorgen. Und im Windschatten einer Mauer hockt die kleine 5jährige Rosi, vielleicht 100 Meter abseits des Schuppens der alten Stellmacherei am Ortsausgang. Sie hat sich ein kleines Häuflein Kieselsteine zusammengelegt – aus dem Rinnsal, das hier aus dem Buchenwäldchen heraussickert, sich versammelt und an der Mauer entlangfliesst. Es ist ein Häuflein milchigfarbener Kiesel, Rosa, Reseda + Himmelblau – und rosa, reseda und himmelblau ist auch Rosis Kleidchen mit den Puffärmeln, und ihre kleinen nackten Arme annoncieren schon ein kleinwenig die Liebesmeisterin in spe und die Art + Weise, wie sie die feuchten Kiesel zwischen Daumen und Zeigefinger hält, verrät das zukünftige Weibchen. Doch heute, an diesem windig-warmen Junimorgen um 9^{00} ist Rosi noch ein allerliebstes Kind von ungefähr 5 Jahren.

Es ist 9^{30} an diesem windigwarmen Junitag. Am Ende der Bahnhofstrasse, wo sich die Landschaft an das kleine Städtchen herantastet – mit ihren lichten und jungwüchsigen Buchen und Eschenwäldchen, steht unser Bekannter: der zierliche Herr in seinem pauvren Staubmäntelchen. Er steht vor der Auslage eines Zuckerwarenladens – ohne dass seine Augen auf eine bestimmte Spezerei zielen. Wer in diesem Moment dicht neben ihm wäre, könnte bemerken, dass Herrn Tawes Blick quasi nach innen gerichtet ist. So steht er da, minutenlang wohl – betritt dann den Laden, geradeso wie Irgendjemand, der weder Eile noch sonderliche Absichten hat. Und als er den Laden wieder verlässt, schiebt seine Hand eine kleine weisse, blaugepunktete Tüte in die Manteltasche. Und diese Hand ist angenehm geformt. Weder Grösse noch irgendeine Deformation lassen auf eine bestimmte oder bekannte Tätigkeit schliessen. Am ehesten sind es die gepflegten Hände eines Büroschreibers, wie Gogol ihn beschreibt. Und wenn denn doch etwas Besonderes in diesem Augenblick sein sollte, dann ist es die Tatsache, dass Herr Tawe nicht den Weg zurückgeht, den er gekommen ist – nein, heute, an diesem windigwarmen Junivormittag scheint er die Absicht zu haben, einen kleinen Spaziergang zu machen. Er verlässt die Stadt und seine zierliche Gestalt versikkert allmählich in dem lichten Baumbestand, der hier die Strasse säumt. Es ist 9^{35}.

Es ist genau dieser Junitag. Der Morgen war windig und warm, und jetzt ist es nur noch wohlig warm, denn der für diese Gegend typische Morgenwind legt sich gegen Mittag. Es ist 11^{30} und gleich wird man eine Frauenstimme vom Hof der Stellmacherei herüber hören. »Rosi« – wird die Mutter mehrmals rufen – »Rosi – Essen!« Aber bis zu diesem Ruf werden wohl noch 15 Minuten vergehen. Unterdessen hockt das niedliche Mädchen immer noch an der Mauer und hat seinen Kieselschatz einerseits bereichert, andererseits einige ihr wenig attraktiv erscheinenden Steine ausgetauscht gegen neue Funde. Und grad ist sie besonders in Frieden – ist ihr doch ein weisser Stein untergekommen, der sie mit seiner merkwürdigen Zeichnung sehr an das verlorene Auge ihrer Lieblingspuppe erinnert. Immerhin ist die Ähnlichkeit von Kiesel und Puppenauge so gross, dass sie in ein imaginäres Zwiegespräch mit Lisa verfällt – mit eben ihrer Puppe.

Und während sie so vor sich hinplappert, fällt ein Schatten über sie: eine zierliche Gestalt in einem etwas abgetragenem Staubmantel steht da wie aus dem Boden gewachsen – als wenn sie schon immer dagestanden wäre, und eine gepflegte weisse Hand hält dem Mädchen eine geöffnete Tüte, weiss mit blauen Pünktchen, entgegen, gefüllt mit bunten runden Bonbons, so rund und verlockend wie die Kiesel, nur um vieles bunter. Rosi ist ein wohlerzogenes Kind, und zugleich mit dem Griff in diese Kiesel-Bonbon-Pracht richtet sie den Blick auf den netten zierlichen Herrn, und was sie sich so gar nicht deuten kann, das ist: der Herr hat gar keine Augen – da, wo diese sein müssten, sind zwei leere dunkle Höhlen.

47 Stunden später wird in dem kleinen Städtchen ein etwas tölpelhafter, ungeschlachter Bursche verhaftet. Er ist vorbestraft wegen mehrerer unsittlicher Vergehen an einigen Mädchen der hiesigen Grundschule. In allen Fällen war er geständig und gab überdies seine vergleichsweise harmlosen Vergehen als Absichten für die »bösere« Tat aus, weshalb man ihn letzten En-

des für etwas schwachsinnig hielt. Dieser Bursche gestand nun in diesem Fall, gewissermassen stolz auf die endliche Erfüllung seiner Träume, den Mord an Rosi. Am 10.12. des Jahres schlossen sich für immer die Tore einer Heilanstalt hinter ihm.

So in etwa könnte, wenn auch ungenügend, für's allgemeine Empfinden das Ende solcher Geschichte geschrieben sein, wenn das allgemeine Verlangen nach Originellität erfüllt sein soll. Aber das Originelle war schon immer ein hinderlicher Vorhang, der den Einblick ins Jeweilige, ins Bestimmte, versperrt. Der wenig originelle, der einfache und tatsächliche Fall bringt uns einem möglich tieferen Einblick ins Jeweilige-Bestimmte näher als wir vermuten. Aber auch hier nur näher — nicht hinein.

Und daher die 2. Fassung des Finale.

47 Stunden später wird ein zierlicher unauffälliger Herr in seinem möblierten Zimmer verhaftet. Die Leute, die ihn gerne gegrüsst hatten, zerfielen in zwei Parteien. Die eine war sprachlos, die andere ungläubig. Danach war der Fall 7 Tage Tagesgespräch und Monate später, als andere Ereignisse die Bürger der kleinen Stadt beschäftigten, wurde nach gerechtem Urteil und

nach sorgfältig begründeter Expertise namhafter Psychiater Herr Tawe vom Leben zum Tode befördert. Man lobte nochmals die effektive Ermittlungsarbeit der Polizei. Man war zufrieden, einen Verbrecher gefangen zu haben — ja, die Zufriedenheit über dieses Resultat war weit grösser als andere Gefühle. Man war zufrieden bis begeistert, den VERBRECHER zu richten. Und dass dem so war, hatte seinen Grund: NUR EIN EINZIGER MENSCH HATTE DEN TOD GESEHEN: die kleine Rosi.

Ihr lieben Leute — ich habe Ihnen mit unzureichenden Mitteln ein Puzzle-Bild zu malen versucht, und ich bin nicht einmal in der Lage, Ihnen die einzelnen Puzzlestückchen zu jenem Bild zu ordnen, das ich im Kopf habe, und das dann wiederum vielleicht gar nicht DAS Bild ist, das wir als Vorbild auf dem Deckel der Puzzlespiel-Schachtel sehen würden, wenn wir den Deckel noch hätten. Das Vorbild ist mir abhanden gekommen und vielleicht nicht nur mir. Was ich versuchte, ist: meinen Tannewetzel, meinen Wandergefährten auf dem langen Weg des allmählichen Sterbens, den wir das Leben nennen, meinen Freund, aus der Verbannung, aus der Abstraktion zurückzuholen. Es ist meine entschiedene Absage an die Abgeklärten und Aufgeklärten mit der »wir müssen sowieso sterben«-Floskel im Maul – Absage an die lexicafressenden Wissenden, an die Zyniker, auch an die besinnungslosen Emsigen, diese heimatlosen Irren, die sich durch Besitz Zuhause wähnen – eingestimmt und eingeebnet auf den kleinsten gemeinsamen Nenner: nämlich Geltung unter sich und ihresgleichen. Wo kein Platz ist für Geheimnis und Offenbarung. Kein Platz für Genuss und für Lust, die höher anschlagen als der Geschlechtsansatz. Nummerierung der Erlebnisse – diese abruffertig terminiert – in der Arbeit keine Liebe, in der Liebe keine Anstrengung und beide Trägheiten säuberlich voneinander getrennt. Biblische LÄSSLICHKEIT. Ehen, als Vereinbarungen verstanden, Beziehungen bar jeder gemeinsamen Pläne und Träume – traumlose Verbindungen: beste Voraussetzung für's Kollektiv, indem das Gemeinsame die Lüge in die eigene Täsch ist.

Nun denn.

Vorhang auf für den Kasper, der Ihnen nun Ade sagen soll und der die Stunden der Zweifel-Grillen vertreibt. Ein lustiger frecher Gesell und hat unter seiner Zipfelmütze ZWEI Gesichter, und Langeweile hat für ihn keinen Preis. Er ist ziellos und der Gegenspieler der Emsigen, denn sein Metier ist das Widersinnen, und aus allen Widersinnigkeiten macht er sich seine Besinnung.

Er ist:
Bei der Armut gegen die Armseligkeit
beim Reichtum gegen die Trägheit
bei den Reichen gegen ihre Neider
beim Neider gegen den Heuchler
beim Heuchler gegen seine Entdeckung
beim Ungerechten gegen die Pharisäer
beim Pharisäer gegen die Gerechten
und beim Zweifler gegen die Aufklärer

dann ist er
bei dem Kränkelnden gegen die Müdigkeit
bei dem Müden gegen die Angst
bei dem Angsthasen gegen die Panik
und dem von Panik Erfassten bläst er
die Trompete
— dieselbe dann auch für sich

für die Schöne fängt er die Lust
für den Geilen kämpft er gegen das Dürre
die Dünne kleidet er gern kleidsam
und der Fetten dichtet er gern
ein streichelndes Lob

den Lobrednern sorgt er für Witz
Dem Witzigen treibt er Witzige zu
und dem Schelm beschafft er ein Opfer
Dann bewahrt er den Geistlosen vorm Wissen
dem Wissenden besorgt er Heiterkeit
und dem Heiteren bringt er ein Mädchen
Für den Törichten kämpft er
gegen Alle und Alles

dem Melancholischen hält er Versammlungen
vom Leibe
dem Versammelten impft er Begeisterung
und den Begeisterten schützt er vor Störung
Dem Absoluten führt er den Mörder zu
dem Mörder die Ursache
und dem Verführer die geliebte Schwierigkeit.

Das zuviel des Guten ersäuft er im Rausch
trunken streitet er mit dem Überhaupt
für's Messer gegen die Wurstlosigkeit
für die Wurst gegen den Zipfel
für den Zipfel gegen das Ende
und für das Ende der Wurst
gegen ihr zweites.

Er ist mit der Kugel gegen die plane Fläche
mit der Fläche gegen die Krümmung
und auf seiten des Krummen
gegen das Streckbett.

Langeweile hat für ihn keinen Preis.
Weilt er, schickt er seine Gedanken voraus;
holt er sie ein, erkennt er sie nicht;
erkennt er sie aber, verlässt er sie
in entgegengesetzter Richtung.
Gründe sind ihm unsympathisch
und die Tat verteidigt er
gegen ihre Begründung.

Für alles zieht er gegen das Weniger
und gegen das Allgemeine verbündet er sich
mit der Vorliebe
gegen das Wissen stürmt er mit Bosheit,
gegen das Besserwissen mit Tücke.
Dem Glück pariert er mit Schmeichelei
dem Unglück mit Verkleidung und Maskerade.
Seine Depressionen badet er in Tränen
gegen die Tränen führt er einen Lappen
mit dem Lappen winkt er
und mit dem läppischen Winken signalisiert er
ein Adieu.

In seiner Wegwendung zum Adieu Ihr Leute zeigt er Euch sein ZWEITES Gesicht, und sein Ade klingt SO:

Für Eure Sehnsüchte gibt es die billigsten Fahrkarten, Wohlleben besorgt Ihr Euch durch Brutalität, Eure Dummheit kommt Euch aus tausend gestohlenen Intelligenzen. Ihr seid niedrig und die Wehen Eurer Mütter nicht wert. Eure Verlogenheit ist total, eventuelle Ängste sind unbegründet, denn Ihr werdet alle Prozesse gewinnen — den letzten nicht.

Vorhang zu!

3. Auflage 1986, 11. bis 14. Tausend

ISBN 3-923848-09-9